Die Bedeutung von Risiko- und Schutzfaktoren für die Entstehung psychischer Störungen und der Einfluss sozialer Unterstützung und dysfunktionaler Kognitionen

Eloy Veit

Bibliografische Information der Deutschen Nationalbibliothek:

Die Deutsche Nationalbibliothek verzeichnet diese Publikation in der Deutschen Nationalbibliografie; detaillierte bibliografische Daten sind im Internet über http://dnb.d-nb.de abrufbar.

ISBN: 9783346752581
Dieses Buch ist auch als E-Book erhältlich.

© GRIN Publishing GmbH
Nymphenburger Straße 86
80636 München

Druck und Bindung: Books on Demand GmbH, Norderstedt Germany
Gedruckt auf säurefreiem Papier aus verantwortungsvollen Quellen

Das Buch bei GRIN: https://www.grin.com/document/1289709

Einsendeaufgaben

Bearbeitung des Themenkataloges

28.2.2020

Modul: Klinische Psychologie I (Grundlagen)
Studiengang: Wirtschaftspsychologie

von
Eloy Benjamin Veit
Studiengang: Wirtschaftspsychologie

Inhaltsverzeichnis

Abkürzungsverzeichnis

a. a. O.	am angegebenen Ort
Abb.	Abbildung
Aufl.	Auflage
Bd.	Band
Bde.	Bände
Diss.	Dissertation
ebd.	ebenda
et al.	und andere
f.	folgende Seite
ff.	folgende Seiten
Hrsg.	Herausgeber
Jg.	Jahrgang
o. J.	ohne Jahr
o. O.	ohne Ort
o. V.	ohne Verfasser
o. S.	ohne Seite
S. P.	Sensible Phase
vgl.	vergleiche
ggf.	gegebenen falls
zb.	Zum Beispiel
bsph.	beispielshalber
DGFP.	Deutsche Gesellschaft für Psychologie
QMS	Qualität Management System

4

Aufgabe 1 (30 Punkte, ca. 4-5 Seiten)

Die Bedeutung von Risiko- und Schutzfaktoren für die Entstehung von psychischen Störungen unter Bezugnahme von empirischen Ergebnissen.

a) Die Klinische Psychologie und das Konstrukt psychische Störung

Casper Pjanic und Westermann beschreiben Die Klinische Psychologie, als eine sich in ihrem Interdisziplinären Selbstverständnis auf verschiedenen Teilaspekt der Psychologie beziehende Aspekte. Diese reichen von der klassischen Psychologischen Diagnostik, über Psychotherapie und Verhaltensmedizin, bis hin zum neurobiologischen Verständnis und neuen Möglichkeiten der Interventionsgestaltung. Darüber hinaus versucht jeder dieser Bereiche, mehr oder weniger selbständig Beiträge zur (Phänomenologie, Diagnostik, Ätiologie, Epidemiologie) und deren Behandlung (Psychotherapie) sowie ex anter Prävention a prior genereller Versorgung Betroffener zu leisten[1]. Im Kern der Klinischen Psychologie steht nach Petermann, Maercker, Lutz und Stangier das Konstrukt der Psychischen Störung. Dabei definieret Petermann et al. eine psychische Störung, als einen Leidenszustand, welcher sowohl von Betroffenen in ihnen selbst wahrgenommen, gespürt werden kann. Jedoch bezeichnet er damit auch eine psychische Problemkonstellation, die es dem Betroffenen unter gewissen Umständen gar nicht ermöglicht einen solchen untypischen Zustand an sich selbst zu registrieren. Es sind die fehlenden Linien, die starren Grenzen des Erscheinens, die eine ausschlaggebende Entität, welche es derzeit unmöglich macht, die eine richtige Definition der Psychischen Störung zu deklarieren. Denn was für den einen normal zu sein scheint, kann für den anderen eine Abweichung der Norm darstellen. So kann man das Konstrukt Psychische Störung am besten als ein komplexes, wechselwirkendes Arrangement aus dem neuesten Stand der Wissenschaftlichen Forschung und der Konvention der Um die Gesellschaft vorherrschenden Normen verstehen. Petermann et al. bezeichnet dies, als eine Einigung der Experten mit der Öffentlichkeit nach bestem Wissen und Gewissen[2]. „Die Abgrenzung zwischen „Krank" und „gesund" bzw. „gestört" und „normal" ist ein grundlegendes Problem für die klinische Psychologie und die Psychiatrie, weil Fehldiagnosen oder aber Fragwürdige Interventionen Konsequenzen nach sich ziehen[3].

---

[1] Vgl. Casper, I. Pjanic, S. Westermann (2018), 1. Kapitel, 2. Absatz
[2] Vgl. Petermann, F. Maercker, A. Lutz W. und Stangier U. (2018), S. 15
[3] Ebd. (2018), S. 15

b) Der Beitrag der Entwichlungspsychopathologie zur Risikofaktorenforschung

Franzkowiak, Autor des Bundeszentralamt für Gesundheit und Aufklärung (BZgA) definiert einen Risikofaktor als „alle *empirisch im Bevölkerungsmaßstab gesicherten Vorläufer und Prädiktoren* von organischen und psychosomatischen Krankheiten, von psychischen oder Entwicklungsstörungen"[4]. Grundlegende Unterschiede bezüglich der Klassifikation von Risikofaktoren werden durch die zwei populärsten Vertreter, a prior getroffen. Die Gesundheitswissenschaften, welche sich durch einen salutogenetischen Ansatz quasi parallel zum Resilienz Ansatz heraus stigmatisierten und im Gegensatz zu diesem, die klinische Psychologie mit der entwicklungspsychopathologischen Perspektive. Da die Annahmen der Beiden Forschungsrichtung sich sehr ähneln, verweisen Bengel, Meinders-Lücking und Rottmann auf die Adaption der wesentlichen Erkenntnisse der beiden Forschungsrichtung und deren neu Ausrichtung unter der Begrifflichkeit gesundheitlicher Schutz- und Resilienz Faktoren[5]. Wittchen und Hoyer betonen, dass für die Erklärung von psychischen Störungen zunehmend von dem alten Verursachungsprinzip abgelassen wird, dieses sucht in seinem Kern die Oben bereits angeführte eine, ausschlaggebende Entität, welche dann im spezifischen Einzelfall als Auslöser der psychischen Störung verantwortlich gemacht wird. Der Wechsel vollzieht sich nunmehr hin zu dem sog. Risikofaktorenmodell, dieses Konzept geht von einem integrativen multifaktoriellen Zusammenspiel der verschiedenen Faktoren aus, zu diesen gehören ua. genetisch bzw. anlagebedingte, physiologische konstitutionelle Faktoren, sowie Persönlichkeitsbedingte Temperamentsmerkmale, welche in einer Wechselwirkung mit den Individuell lerngeschichtlichen Erfahrungen des einzelnen, sowie den diversen physischen, sozialen und psychosozialen Umwelteinwirkungen eine Entstehung von Psychischen Krankheiten verantwortlich gemacht werden[6]. Zentrale Aufgabenstellung der Entwicklungspsychopathologie ist es, oben genannte komplexe multifaktorialität von potenziellen Risiken zur Entstehung und Aufrechterhaltung im gesamten Entwicklungsverlauf eines Menschenlebens, jedoch auch die Erforschung der Schutzfaktoren zu fördern, sowie die Wechselwirkungen zwischen Schutz aber auch Risikofaktoren auf zu zeigen. Hierfür nimmt diese eine moderne Interdisziplinäre

---

[4] Franzkowiak, P. (2018), S.1
[5] Bengel, J. Meinders-Lücking, F. Rottmann, N. (2009), S. 17
[6] Vgl. Wittchen H. U. Hoyer J. (2011), S. 650

Stellung ein und vergleicht ein weitläufiges Psychisches, Biologisches und Soziales Spektrum[7].

c) Empirische Befunde einer repräsentativen Längsschnittstudie (Kauai)

In der Literatur gibt es eine Vielzahl von Erhebungen Die Kauai-Studie stellt einen der populärsten Psychopathologischen Erhebungen von Schutz und Resillienzfaktoren dar. In dieser wurden durch Werner u. Smith (1992) eine komplette Geburstjahrgangskohorte mit (n=698) Kindern aus Familien mit verschiedenem Sozioökonomischen Status und sehr heterogenen kulturellen Bedingungen über mehr als dreißig Jahre begleitet um speziell Entwicklungsrelevante Risiko und Schutzfaktoren für die Spätere Psychische Vulnerabilität zu Determinieren so Häfner, Franz, Lieberz und Schepank[8]. Die gezielten mehrfach Erhebungen an den Versuchspartnern wurden mittels Peer-review validiert und kam so zu ff. Ergebnissen die gesicherten Risikofaktoren betreffend[9]:

Längere Trennung von der Primären Bezugsperson im ersten Lebensjahr	
Geburt eines Jüngeren Geschwisters n den ersten beiden Lebensjahren	
Ernste oder häufige Erkrankungen in der Kindheit	
Körperliche und psychische Erkrankungen der Eltern	
Geschwister mit einer Behinderung, Lern oder Verhaltensstörung	
Chronische Familiäre Disharmonie	
Väterliche Abwesenheit	
Elterlicher Verlust der Arbeit	
Umzüge, Schulwechsel, Trennung der Eltern,	
Wiederverheiratung (Stiefvater oder Mutter)	
Verlust eines älteren Geschwisters oder engen Freundes	
Außerfamiliäre Unterbringung	
Für Mädchen: Schwangerschaft in der Jugendzeit	

Das Augenmerk der Forschung lag nun auf der Multifinalität jener Kinder und Familien, welche mehr als vier der oben genannten defizitären Determinanten in ihrer Entwicklung aufwiesen und deren Entwicklung sich dennoch in einem normalen, also psychisch nicht

---

[7] Vgl. Petermann et al. (2018), S. 92-94
[8] Vgl. Häfner, S. Franz, M. Lieberz, K. Schepank, H. (2001), S. 403
[9] Vgl. Eagle, U.T. Hoffmann, S.O. Steffens, M. (1997), S. 686

belastenden Verhältnis vollzog. Diese vorerst als „Unverwundbar[10]" betitelt, wurden später als resilient eingestuft.

d) Bedeutung und Wirkung der Risikofaktoren in sensiblen Entwicklungsphasen

Wittchen priorisiert, dass Risikofaktoren es ermöglichen bestimmte Krankheitszustände auf ein oder mehrere Ausgangsfaktoren zu determinieren und es somit möglich ist eine kumulative bzw. spezifische Kombination dieser zu betrachten. Die Rückschlüsse sind jedoch eher Wahrscheinlichkeiten, die keine exakte Vorhersagen für den jeweiligen Einzelfall oder gar für (wirk) Mechanismen bieten[11]. Petermann et al. verweist bei der Kategorisierung und anschließenden Bewertung potenzieller Risikofaktoren auf eine grundlegende Differenzierung in interne (kindbezogenen) bsp. genetisch bedingte Anfälligkeit für Krankheit und externe (umgebungsbezogenen) Risikofaktoren bsph. Sozioökomischer Status[12], dass diese in ein dynamisches Entwicklungspsychologisches-Modell integriert werden können, dies bedeutet, dass jeder potenzielle Risikofaktor ins Verhältnis gesetzt wird, zu den jeweiligen **Lebensphasen**. Als Bsp. führt er die Trennung eines Säuglings von seiner Mutter (Bezugsperson) auf. Da einem Solchen keine Folgeerscheinungen bereitet wird. Anders verläuft der Entzug einer Bezugsperson jedoch während einer (Sensiblen Phase). Eine (S.P.) bezeichnet einen Zeitraum in welchem ein Mensch quasi als evolutionsbedingten Lernbeschleuniger auf biologischer Basis mit seiner Umwelt reagiert, die in dieser Zeit gemachten Erfahrungen und erworbenen Fähigkeiten bleiben ein Leben lang bestehen, werden in diesem „Zeitfenster", die für die jeweilige Entwicklungsphase biologisch vorhergesehene Erfahrung nicht gemacht spricht man von einem **Kumulativen Defizit** welches das Phänomen um die entstandenen Mängel beschreibt und die Wahrscheinlichkeit einer erfolgreicher Entwicklung durch nachfolgende Entwicklungsanforderungen und erfolgreicher Anpassung deutlich erschwert[13]. Ein weiter Ansatz der Entwicklungspsychopathologie bezeichnet als Kumulative Risiko- Modell besagt, dass weniger die Art, sondern eher die Anzahl der auf den Organismus einwirkenden Risikofaktoren den Ausschlag für die Entstehung von

---

[10] Bengel, J. et al. (2009), S.15
[11] Vgl. Wittchen H. U. Hoyer J. (2011), S. 651
[12] Vgl. Petermann, F. Damm, F. (2009), S. 28
[13] Vgl. Petermann, F. et al. (2018), S. 100

psychischen Störungen gibt, dies deckt sich mit den Grundannahmen von L. Alan Sroufe, welcher mit seinem Modell des Entwicklungspfades (1997) das Konstrukt Störung, als einen Dynamischen Prozess versteht, in welchem es zur Bildung von Schutzfaktoren vor allem auf die in der Vergangenheit bereits erbrachte Vorleistung zur Anpassung ankommt[14]. Auf die jeweiligen Risikofaktoren wirken erweitert noch vulnerable Faktoren ein, diese werden in Primär bsph. genetische Disposition und sekundär unterteilt bsph. Negatives Bindungsverhalten. Vulnerabilität drückt eine besondere Empfindlichkeit gegenüber den Gegebenheiten des Umfeldes aus, diese sind individuell verschieden und interagieren mit den verschiedenen Risikomechanismen und begünstigen Abweichungen in der Entwicklung[15].

e) Ressourcen, Schutzfaktoren und Resilienz Empirische Befunde

bei der Begünstigung des Auftretens psychischer Störungen fallen die Risikofaktoren nicht alleine ins Gewicht, als Schutzfaktoren bezeichnet Bengel et al. „Faktoren, die die Auftrittswahrscheinlichkeit von Störungen beim Vorliegen von Belastungen vermindern, indem sie zur Entwicklung von Ressourcen beitragen bzw. eine solche Entwicklung erleichtern. Während Schutzfaktoren im Sinne eines Puffereffekts konzipiert sind, bezeichnen Ressourcen alle Faktoren, die (auch unabhängig) von Belastung oder Risikopotenzial der Situation positive Effekte zeigen"[16]. diese werden nach Wittchen darüber hinaus noch durch die Bewältigungsmöglichkeiten der Betroffenen Person und die aus der Umwelt verfügbaren Ressourcen ergänzt. Eine Differenzierung dieser findet in personale und soziale Ressourcen statt[17]. Unter dem Puffereffekt versteht man grob, das spezifische Zusammenwirken von Risiko und Schutzfaktoren nachfolgendem Schema: Tritt ein Risikofaktor auf, dann moderiert der Protektive Faktor die schädliche Wirkung dessen. Schutzfaktoren sind demnach also vor allem bei drohender Gefährdung aktiv und mindern diese, wären solchige nicht vorhanden, käme der volle Risikoeffekt zu tragen[18]. Die Folgende Faktoren gelten als gesicherte biografische Protektive Faktoren im Hinblick auf die Entstehung psychischer und psychosomatischer Krankheiten[19]:

---

[14] Ebd. (2018), S. 96
[15] Vgl. Petermann, F. Damm, F. (2009), S. 33
[16] Bengel, J. et al. (2009), S. 23
[17] Vgl. Wittchen H. U. Hoyer J. (2011), S. 651

[18] Bengel, J. et al. (2009), S. 23

[19] Vgl. Eagle, U.T. Hoffmann, S.O. Steffens, M. (1997), S. 693

Dauerhafte, gute Beziehung zu mindestens einer primären Bezugsperson
Großfamilie/kompensatorische Elternbeziehung/Entlastung der Mutter
Gutes Ersatzmilieu nach frühem Mutterverlust
Überdurchschnittliche Intelligenz
Robustes, aktives und kontaktfreudiges Temperament
Sicheres Bindungsverhalten
Soziale Förderung (z.b. Jugendgruppen, Schule, Kirche)
Verlässlich unterstützende Bezugsperson/en im Erwachsenenalter
zeitlich späteres Eingehen /schwer auflösbarer Bindungen"
Geringere Risikogesamtbelastung
Mädchen weniger Vulnerabel als Jungen

Unter dem Begriff Resilienz versteht man im weiteren Sinne das Gegenstück zu Vulnerabel, gemeint ist hiermit die Wiederstandfähigkeit gegenüber dem negativen Einfluss von Risikofaktoren, folgend handelt es sich um die Fähigkeit eines Kindes oder Erwachsenen unbeschadet mit widrigen Umständen um zu gehen und Bewältigungskompetenzen zu entwickeln[20].

Die Unverwundbaren von Kauai wiesen nach Wustmann bereits im Säuglingsalter Charakterzüge auf, welche man folgendermaßen Charakterisieren kann: sehr aktiv, liebevoll, pflegeleicht und sozial aufgeschlossen. Mitunter zeigten diese eine bemerkenswerte Anpassung an neue Situationen hatten darüber hinaus weniger bzw. keine Probleme zu schlafen und ein erhöhtes Antriebsniveau. Ein Wesentlicher Schutzfaktor stellte das Temperament dar, welches mit leicht im Gegensatz zu dem 1980 von Thomas und Chess deklarierten schwierigen Temperament steht. Anders als die Kinder mit einem schwierigen Temperament, besteht bei Kindern mit einem leichten Temperament eine Art genetischer Schutzfaktor, welcher dafür sorgt, dass diese weniger Gefahr laufen eine Zielscheibe für negative, feindselige Gefühle, so wie kritisierendem oder aber bestrafenden Erziehungsverhalten zu werden. Wustmann betont, dass diese Kinder nicht so wie jene mit einem schwierigen Temperament sich in akuter Gefahr befinden in einen negativ defizitären „Teufelskreis" aus sich gegenseitig beeinflussenden negativen Reaktionen zu geraten, im Gegenteil, diese Kinder würden mit ihrem einfachen

---

[20] Vgl. Petermann, F. Damm, F. (2009), S. 35

Temperament eher dazu beitragen positive Reaktionen zu verursachen. So lößen diese bei Bezugspersonen eher Aufmerksamkeit, Wärme und soziale Unterstützung aus[21].

Aufgabe 2 (30 Punkte, ca. 4-5 Seiten)

Der Einfluss sozialer Unterstützung und dysfunktionaler Kognitionen auf die Entstehung und Aufrechterhaltung psychischer Störungen anhand von theoretischen Modellen und empirischen Ergebnissen

a) Definition Soziale Unterstützung

Nach Fanzkowiak ist soziale Unterstützung, als eine Sammelbezeichnung an zu sehen. Diese umfasst das Erwarten und Erhalten von sozialen Leistungen bezüglich der Hilfe und Unterstützung, welche Menschen zur Bewältigung von herausfordernden Situationen als subjektiv belastend erleben[22]. Schon Badura war sich (1981) darüber bewusst, dass das Fehlen von (Fremdhilfen) einen nicht zu unterschätzenden Risikofaktor bezüglich der Ätiologie von psychischen Störungen in Form von „Stress" darstellt, welcher nicht nur die Entstehung, sondern auch den Langzeitverlauf von psychischen Erkrankungen begünstigt[23]. Zu ähnlichen Befunden gelangen auch Cassel und Cobb (1970) in mehr als 30 Studien. „Cassel and Cobb indicated that social relationship might promote health in several ways but emphasized the role of social relationship might promote health in moderating or buffering potentially deleterious health effects of psychological stress or other health hazards"[24]. Als empirisch gut belegt, gilt das Puffer- Modell von La Rocco et al. (1980), dieses postuliert soziale Unterstützung fungiere bei akuter Stressbelastung als ein Puffer, welcher die Gesundheitsbedrohende Wirkung von Stress gleichsam abfedert. Damit sinkt nach La Rocco die Wahrscheinlichkeit an einer Psychischen Störung zu erkranken, wenn man über ein erhebliches Maß an guter Sozialen Unterstützung verfügt[25]. Das Soziale Unterstützung oder belastende Lebensumstände alleine jedoch nicht ausschlaggebend für die Entstehung von psychischen Störungen sind, konnte 1972 an einer Untersuchung an schwangeren Frauen erhoben, durch Nuckolls et al. als validiert betrachtet werden. Es konnte lediglich eine signifikant niedrige Komplikationsrate bei stark belasteten Frauen nachgewiesen werden, welchen eine starke

[21] Wustmann (2005), S.195
[22] Vgl. Franzkowiak, P. (2018), S.1
[23] Vgl. Badura, B. (1981), S. 157-158
[24] House, J. S. Landis, K. R. Umberson, D. (1988), S.541
[25] Mayer, K. C. (2001), Z. 33-37 2. Absatz

soziale Unterstützung zu Teil wurde. Bei diesen lag die Komplikationsrate um gut ein Drittel niedriger als bei stark belasteten Frauen ohne solche Unterstützung. Mayer verweist bezüglich der Wirksamkeit sozialer Unterstützung auf Gentry und Kobasa (1984), nach ihnen wirken diese vor allem bei chronischem Stress unterstützend[26].

b) Modelle zur Einwirkung Sozialer Unterstützung

Nach Ellring gehen sämtlichen Modelle, welche sich mit der Thematik der protektiven oder defizitären Wirkungen von sozialer Unterstützung auf Ätiologische Aspekte von psychischen Störungen und deren Aufrechterhaltung beziehen von Stressoren aus, diese/r Stressor/en wirkt auf den Gesundheitszustand ein und sorgt so für eine Gegengesetzte Unterstützung, also einem Defizit. Unterschiedliche Ansetzpunkte haben die Modelle im Hinblick auf den Bezugspunkt an welchem die Soziale Unterstützung auf den Stressor einwirkt. Weiterführend erörtert er, dass man zwischen folgenden Grund Modellen unterscheidet:

Direkter Einfluss sozialer Unterstützung

1) Das Auslöser-Modell-engl. triggering Model
2) Additives Modell

Indirekter Einfluss sozialer Unterstützung

3) Schutzschild-Modell engl. shield model
4) Puffer-Modell- engl. buffering model

Die Modelle, welche einen direkten Einfluss sozialer Unterstützung postulieren, dass das Auftreten eines Stressors Hilfsmaßnahmen auslöst, triggering model. Bzw. die Wirkung des Stressors aufheben (additives Modell). Unter indirekter Wirkung versteht man das der Stressor unwirksam gemacht wird ähnlich einem Schutzschild prallt dieser dann an einem ab (Schutzschild-Modell), oder verliert systematisch sein Stressoren Potenzial.[27]

Ein weiteres Modell, welches sich nicht explizit auf die Einwirkung von Stressoren, sondern unabhängig von diesen auf das Seelische Wohlbefinden auswirkt, ist das Modell der direkten Effekte. Dabei ist es nach Franzkowiak die Erhöhung des individuellen

---

[26] Ebd. (2001), Z. 47-50 2. Absatz
[27] Vgl. Baumann, U. Perrez, M. Ellring, H. (1990), S. 316-317

Selbstwertes, sowie des Kontrollempfinden und Förderung des gesundheitsrelevanten Verhaltens. Demnach kommt die Unterstützung also nicht erst zu tragen, wenn sich eine Situation bereits im geschehen also ex post ereignet in einer Belastungssituation befindet, sondern hat eine präventive Funktion, welche sich wohl attribuiert in einem präventiven Kontext konnotieren lasst[28].

Da soziale Unterstützung, gerade wenn diese in akuten Gefahrensituationen ausbleibt oder sich dysfunktional äußert, kann diese mitunter sehr dramatische Folgen für die **Entstehung** und **Aufrechterhaltung** psychischen Störung haben, dies belegten Marom, Munitz, Jones, Weizman und Hermesh (2005). Die Theorie der expressed Emotion (ausgedrückte Emotionen), Geht im Kern davon aus, dass Der Ausdruck von kritischen oder feindseligen Emotionen gegenüber einem Betroffenen die Rückfallgefahr für eine Akute Phase der Schizophrenie erhöht[29]. Nach Petermann handelt es sich bei dem Konstrukt, um einen unspezifischen Vulnerabilitätsfaktor, welche generell das Rückfallrisiko nach Auftreten einer psychischen Störung erhöht. Korrelationen diesbezüglich gibt es in Konstellationen wie z.b.Therapieerfolg in Verbindung mit Essstörungen, Angststörungen und affektiven Störungen[30].

c) Operationalisierung und Abgrenzung des Konstruktes Soziale Unterstützung

Der im Deutsch sprachigen Raum am weitesten verbreitete Ansatz das Konstrukt Soziale Unterstützung weiter zu Operationalisieren um ausschlaggebende Entitäten für die Entstehung einer Psychischen Störung zu determinieren, gelang durch die Berline Social Support Skalen (BSSS), kurzum kamen Schwarzer und Schulz auf vier ausschlaggebende Dimensionen E= emotionaler Support, IN= Instrumentaler Support, IF= informationaler Support, SAT= Zufriedenheit im Support[31].

Franzkowiak sieht dies eben differenziert, für ihn stellt soziale Unterstützung ein mehrdimensionales Konstrukt dar, welches sich primär aus fünf Dimensionen zusammensetzt. Diese Dimensionen sind[32]:

---

[28] Franzkowiak, P. (2018), S.1

[29] Vgl. Marom, S. Munitz, H. Jones, P. B. Weizman, A. & Hermesh, H. (2005)
[30] Vgl. Petermann, F. et al. (2018), S. 57
[31] Vgl. Schwarzer, R. Schult, U. (2000), S.1
[32] Franzkowiak, P. (2018), S.1

Die informationelle Unterstützung: Informationen und Tipps zur Problemlösung geben, praktische alltägliche Hilfen)
Instrumentell-materielle Unterstützung: (Anleitung, Hilfe bei der Erledigung von Aufgaben, finanzielle Hilfen und Sachleistungen)
Emotionale Unterstützung: (Zuwendung, Verständnis, Trost, Aussprache, Selbstwertstabilisierung; soziales Beisammensein und Interaktion, Zugehörigkeit und Bindung)
Positiver sozialer Kontakt: soziale Integration, Beziehungssicherheit und Rückhalt
Evaluative Bewertungs- und Einschätzungsunterstützung: (Orientierung, Klärung, Problemlösung, Bewertung und Bestätigung sowie Hilfe, sich oder die eigene Situation, Fähigkeiten, Bedürfnisse bewältigungsfördernd einzuschätzen, dadurch Stärkung von Kontrollerleben)

d) Dysfunktionale (Soziale) Kognitionen/ Schemata und fehlerhafte Attributionen

Petermann et al. versteht unter sozialer Kognition, jene Denkinhalte, welche sich im speziellen auf soziale Situationen beziehen oder durch diese Situationen verändert werden. Dies betreffend, hebt er die Einstellungen, das Selbstkonzept sowie die Selbstwirksamkeit und Attributionen hervor[33]. Wittchen führt die Wichtigkeit der von dysfunktionalen Kognitionen auf ihren moderierenden Prozess zur Entstehung und Aufrechterhaltung psychischer Störungen im Rahmen der kognitiven Therapie zurück. Die Grundthesen der kognitionspsychologischen Modelle kann man folgendermaßen umschreiben: 1) sehen diese die Grundlage einer Depression also einer psychischen Störung in der kognitiven Entwicklung welche einseitig, willkürlich, selektiv und übertrieben negativ ist. 2) Die Auslöser fundieren in negativen Erfahrungen, Verluste, Nichtkontrolle und sozialisationsbedingten Vorgaben 3) Die Schemata ex post genauer erörtert, werden durch belastende Situationen aktiviert und finden in einer defizitären Spirale ins Negative gerichtet eine Verstärkung. 4) Veränderungen diesbezüglich sind nur sehr schwerlich zu erreichen, da sich der Betroffene gegen tiefgreifende negative verfestigte Selbstzweifel, welche durch sog. Generalisierte Überzeugungssysteme gesteuert wird, bewusstwerden muss[34]. Diese sich an lerntheoretischen Prinzipien orientierenden verschiedenen Dimensionen genetisch biologischer und (sozialer) Bedingungen, bedeuten eine Umfangreiche Inklusion verschiedener Sichtweisen in welchem die Kognitionen als solchen, letztlich die Aufgabe der Wahrnehmung, der Interpretation und der Bewertung übernehmen[35]. Margraf De Jong-Meyer umschreiben

---

[33] Vgl. Petermann, F. et al. (2018), S. 47

[35] Vgl. Wittchen H. U. Hoyer J. (2011), S. 545

den Ausgangspunkt von Becks kognitivem Ansatz, also der Theorie der Depression mit der Annahme, die Kognitionen würden einen signifikanten Einfluss auf das subjektive emotionale empfinden haben[36]. Nach Vauth sind dysfunktionale Kognitionen, häufig im unbewussten ablaufenden Prozesse, welche für sich auch entlastend wirken können, sichtlich bemerkbar macht sich dies bei der kognitiven Verarbeitungskapazität, da diese unserer selektiven Wahrnehmung gänzlich entgehen. Problematische ist die Dysfunktionalität, denn diese fördert Prozesse wie z.b. kognitive Verzerrung, welche nicht selten bereits im Kindesalter erworben und bis ins Erwachsenenalter ihre dysfunktionale Konnotation ex post extrapolieren, oder aber **erst im späteren Verlauf** durch eine Belastung oder aber **lebensveränderndes Ereignis** aktiviert wird[37]. Die Aktivierung von Angst und Depressionen geschieht demnach durch sog. Schemata welche sich im Grunde aus einer Idiosynkratrischen also einer (Eigentümlichen) Sicht der eigenen Person, jedoch auch mit der Interpretation Gegenwärtiger sowie zukünftiger Erfahrungen mit der Umwelt ergeben[38]. Becks Theorie baut demnach wie oben bereits angedeutet auf drei wesentlichen Pfeilern, (1) verzerrte Informationsverarbeitungsprozesse auch als sog. Denkfehler, (2) negativer Inhalte der Gedanken, im Fach auch als **negative kognitive Triade** bezeichnet und (3) kognitive Schemata so Petermann[39]. Anschließend identifizierte Beck einige Faktoren, welche man als die gröbsten Denkfehler und somit als Auslöser für Fehlattribution gesehen werden können, diese sind[40]:

Übergeneralisierung
Annehmen einer zeitlichen Kausalität
Willkürliche Schlussfolgerungen
Selektive Abstraktion
Katastrophieren
Versicherungsdenken
Bezugnahme auch die eigene Person
Absolutes Fordern
Dichotomes Denken
Maximieren Minimieren

[36] Vgl. Margraf, J. De Jong- Meyer, R. (2000), S. 510
[37] Vgl. Vauth, R. (2016), 1. Absatz
[38] Vgl. Margraf, J. De Jong- Meyer, R. (2000), S. 510
[39] Vgl. Petermann, F. et al. (2018), S. 65
[40] Hanisch, C.R. (2015), S. 7; S. 614

Emotionale Beweisführung

Sehr generalisierend betrachtet, bezeichnet Fehlattribution von Erregung eine falsche oder willkürliche objektiv nicht haltbare Zuschreibung von subjektiv erlebten auslöse Mechanismen, betreffend Körpereigenen Sinnes bzw. Mortalität des Empfundenen.

Aufgabe 3 (40 Punkte, ca. 5-6 Seiten)

Die Schritte des diagnostischen Prozesses im Rahmen psychotherapeutischer Interventionen anhand eines Beispiels.

a) Erstkontakt Planung und Inforationserhebung

Petermann beschreibt den diagnostischen Prozess im Rahmen der Klinischen Psychologie, als ein Hypothesen geleitetes, sowie generierendes Verfahren, welches in jeder Phase einer Behandlung von Bedeutung ist. Die Grundvoraussetzung für Interventionen sind Diagnosen, sowie eine passende Zuordnung der bestehenden Problemstruktur zu einem passenden Entstehungs und Behandlungsrahmen[41]. Den Entschluss sich in einen Prozess der begleiteten psychischen Gesundung zu begeben, stellt für viele Menschen einen Schritt in eine unbekannte Richtung dar, mit diesem verbunden, steht meist die Erkenntnis, Hilfe zu benötigen und die Einsicht, die bis dato angehäuften, teils multifaktoriellen Probleme, nicht mehr alleine bewältigt zu bekommen. Zu Beginn einer jeden Therapeutischen Intervention, steht die erstmalige Sichtung des Patienten, so Margraf und Schneider. Diese Sichtung vollzieht sich meist in Form eines wenig formalisierten Erstgesprächs, diesem Gespräch kommt im gesamten Kontext des diagnostischen Prozesses, die Funktion eines ersten Kennenlernens der Akteure, sowie eine Einleitung bzw. Definition der Therapeut, Patient Beziehung zu. Die Bildung einer Atmosphäre des Vertrauens ist fundamental um mit dem Patienten im Weiteren zu arbeiten zu können, hierzu gehört u.a. den Patienten auf einer Ebene des Persönlichen Verstehens abzuholen, schon hier muss der Therapeut mittels (Fingerspitzengefühl) dem Patienten ein Gefühl von Verständnis gepaart mit Interesse zukommen lassen, um an erste bedeutende Informationen zu gelangen. Dies beinhaltet einen Informationsaustausch in welchem der Patient sein Anliegen offen, frei und unstrukturiert erläutern soll, damit eine im weiteren Prozess eine folgende Hypothesenbildung überhaupt erst ermöglicht wird. Das Abstecken von Therapiezielen, sowie eine Konkretisierung des zu erwartenden

---

[41] Vgl. Petermann, F. et al. (2018), S.385

Leistungshorizontes der Intervention sind ebenfalls in dieser ersten Phase von Bedeutung, wichtig zu beachten, der Patient stellt sich dieser Situation mit einem emotionalen Setting, welches befriedigt werden möchte. Je nachdem ob dies geschieht, kann dem Patienten ein motivationaler Schub indiziert werden, welchem im Gesamten Therapieprozess eine wichtige Rolle zukommt[42].

b) Klassifikatorische Störungsdiagnostik

Im zweiten Schritt des Diagnostischen Prozesses, kommen nun nach der Generierung erster Hypothesen im Rahmen der differenzierteren klassifikatorischen Störungsdiagnostik (halb-) Strukturierte Interviews und validierte psychometrische Testverfahren zum Einsatz, diese sind nach Petermann er al. in Schmal- und Breitbandverfahren zu differenzieren. Dabei beinhalten die Schmalbandverfahren u.a. Störungsspezifische Instrumente, die Breitbandverfahren dienen hingegen der Erfassung der allgemeinen psychischen Belastung[43]. Sinn und Voraussetzung der klassischen Diagnostik ist eine Zuordnung der Psychopathologischen Befunde zu einer oder mehreren der DSM-V-Diagnosen und der im ICD-10 enthaltenen Kodierungen. Erwähnenswert ist, dass nur durch die Instrumente der klassischen Diagnostik und der Zuweisung zu ICD-10 oder DSM-V keine Interventionsentscheidung getroffen werden sollten, vielmehr stellt diese das Bindeglied zwischen Erkenntnissen der Therapie und der Grundlagenforschung, sowie dem individuellen Leiden des Patienten dar. Zu differenzieren ist der Querschnittsbefund (Statusdiagnostik) von der Längsschnittmethode (Störungsanamnese) so Wittchen und Hoyer[44]. Weiterführend betrachten erläutern diese, dass es eine Vielzahl von Quantifizierungsmethoden zur Erfassung des psychopathologischen Status- Befund des Patienten gäbe, diese in der Praxis jedoch auf Grund von Zeitlichen oder Ökonomischen Redundanzen, eher nur im Falle von akutem Verdacht eine priorisierte Verwendung finden. Der Längsschnitt hingegen befasst sich mit der Zeitlichen Entwicklung der Symptome, Syndrome und Störungen. Sinn der Erfassung der Anamnese ist es, diese in den Gesamtkontext des Generalisierenden Störungsbildes ein zu ordnen[45]. Ein international anerkanntes Verfahren zur Erhebung und Operationalisierung von gewonnenen Informationen ist das

---

[42]Vgl. Margraf, J. Schneider, S. (2008), S.469
[43] Vgl. Petermann, F. et al. (2018), S. 233
[44] Vgl. Wittchen H. U. Hoyer J. (2011), S. 391
[45] Vgl. ebd. (2011), S.392

DIPS, (Diagnostische Interview bei psychischen Störungen) und CIDI (Composite International Diagnostic Interview) WHO 1997 so Schneider und Margraf 2011. Der Vorteil dieser Verfahren beruht darin, dass jedes Phänomen genaue Kriterien enthält und die Interviewer sich getreu eines Interviewleitfadens den einzelnen Aspekten eines vordefinierten Strukturbaumes entlangarbeiten können, wobei die gestellten Fragen unterschiedliche Bereiche abdecken, auch solche welche für den Patienten aktuell nicht relevant sein müssen, dies hat den Vorteil nichts zu übersehen[46]. Margraf und Schneider betonen, dass die Standardisierte Befunderhebung dem Prozess der Diagnostischen Erhebung, eine höhere Objektivität sowie Reliabilität verschaffen, da diese das Zusammenfügen von Symptomen und Syndromen zur Diagnose mittels expliziten Algorithmen vorgibt und somit sowohl die Durchführung, wie auch Auswertung durch die genaue Vorgabe von Fragen und Kodierungsregeln gegenüber unstandisierte Befragungen erhöht wird. Als Kritik wäre hier anzuführen, dass dieses Konzept im klinischen Alltag, nicht nur durch anfallende Komorbidität, also Mehrfacherkrankungen sowie Stigmatisierung sowie Etikettierung des Patienten und Reifizierung auf Praxisnahen Grund läuft[47].

c) Diagnostisches Fallbeispiel Makroebene

M. Lutz 22 (m) Student, wurde von seinem behandelten Arzt, aufgrund des Verdachtes eines Akuten Schubs einer Multimorbiden psychischen Störung zu einem Therapeuten überwiesen. Dieser wird auf Grund der Lückenlosen Patientenakte, schon im Vorfeld detailliert über die Anamnese des Patienten informiert und ist somit in der Position wahrscheinliche Vulnerabilitätskriterien präventiv zu erörtern. Beim Erstgespräch Umschreibt M. Lutz dann zögerlich sein Problem, dieses fundiert in dem Gefühl sich hilflos höheren Mächten ausgeliefert zu befinden, welche ihn zwingen Aktivitäten mehrere Male hintereinander zu wiederholen, tue er dies nicht entsteht ein Druck welcher in Akuten Kopfschmerzen resultiert, der benannte Ausführungsfaktor benennt er (x4), um ein Gefühl der inneren Befriedigung zu erlangen, tut er dies nicht resultiere dieses Gefühl in einem Stechen im Hinterkopf, auf welches er derzeit nur mittels befolgen der ihm suggerierten Befehle Einfluss nehmen kann, er habe das Gefühl wenn er diese nicht befolge, passiert etwas schlimmes. M. Lutz verneint den Konsum von Drogen Der Patient

---

[46] Vgl. Petermann, F. et al. (2018), S. 233-234
[47] Vgl. Margraf, J. Schneider, S. (2018), 17 Kapitel, 3 Absatz

18

macht auf den Diagnostiker einen relativ normalen Eindruck, er wirkt gepflegt nur die Verhaltensauffälligkeiten , Durch die Erhebung der monoaxialen Diagnostik durch das ICD-11 gültig ab 2022[48] und der Beachtung der „Achsen" I bis III im DSM-V (derzeit aktuell) nun zusammengefasst wurden[49], konnte der Therapeut die ersten Symptome nun klassifizieren, zu diesen zählen u.a. Schlaflosigkeit, Zwangsstörungen, teils wahnhafte Vorstellungen sowie psychosomatisches Leiden sehe anhaltender Stechender Schmerz im kranialen Bereich des Schädels. Anhand von vorgefertigten Strukturbäume konnte eine Zwangsstörung engl. Obsessive-Compulsive Disorder (OCD) klassifiziert werden, diese enthält im ICD-10 den Code F42, die Diagnosekriterien im DSM-V werden sowohl im Hinblick auf Zwangs Gedanken wie auch auf Zwangshandlungen erfüllt, hinsichtlich den Zwangsereignissen weist ihm der Therapeut eine schlechte Einsicht engl. poor insight zu[50]. Der Therapeut entscheidet sich vorerst gegen eine Medikamentöse Behandlung mit Serotonin-Wiederaufnahme-Hemmern (SSRI) oder trizyklischen Antidepressiva z.b. Clomipramin, sowie Neuroleptika. Es wird empfohlen den Patienten einer kognitiv behavioralen Verhaltenstherapie zu unterziehen[51].

d) Funktionale Problemanalyse (mikroebene) an bsp. M. Lutz

An die Erhebung einer Diagnose auf der Makroebene, inkludiert sich die Analyse des Problemverhaltens im engeren Sinne, also jener der Mikroebene. Ziel dieser ist es so Margraf und Schneider, die dysfunktionalen Mechanismen, an welchen der Patient leidet zu beschreiben, zu klassifizieren sowie die kausal verantwortlichen Indikatoren für die Entstehung und Aufrechterhaltung der Symptomatik zu identifizieren. Hierzu gibt es verschiedene Modelle, je nach Modell setzt der Therapeut andere Schwerpunkte[52]. Eines der bekanntesten Modelle, um im Spezifischen Einzelfall Interventionen planen zu können, ist die sog. SORKC -Verhaltensgleichung, welche von Kanfer et al. 2006 auf der Grundlage der operanten Konditionierung von Skinner geprägt wurde, so Caspar[53]. Diese wird in drei Teilschritte untergliedert[54]:

1) Initiale Analyse (Verhaltens und Problemanalyse) / Ermittlung durch W-Fragen.

[48] Vgl. WHO https://www.who.int/news-room/detail/18-06-2018-who-releases-new-international-classification-of-diseases-(icd-11)
[49] Vgl. Caspar et al. (2018), 2 Kapitel 12 Absatz
[50] Vgl. American Psychological Association (2013), S. 237-240
[51] Vgl. Antwerpes, F. Neumann, H. T. (2017), Absatz 6
[52] Vgl. Margraf, J. Schneider, S. (2009), S.364
[53] Vgl. Caspar et al. (2018), 2 Kapitel 25 Absatz; Margraf, J. Schneider, S. (2009), S. 367
[54] Vgl. Wittchen H. U. Hoyer J. (2011), S. 410

2) funktionale Bedingungsanalyse / sehe folgende Tabelle.

3) Motivationale und Entwicklungsanalyse (Plananalyse) / Analyse der Selbstkontrollfähigkeiten.

Situation extern/ intern	e) Manchen Situationen sind mehrere Male zu wiederholen i) Wenn er die Aufgaben nicht wiederhole passiert etwas Schlimmes, da ist er sich sicher
Organismus	O) Starke Kopfschmerzen bei Ablehnung der suggerierten Aufgaben
Reaktion Physiologisch/ Emotional/ Kognitiv/ Behavioral	P) Gefühl der Entspannung bei Ausführung der Aufgabe z.b. Augenverdrehen x4 gen Richtung Amygdala E) gerät in Panik bei der Vorstellung, er könne für das Ende der Welt verantwortlich sein Stimmungslage moderat depressiv K) Ich habe es dieses mal verhindert, vielleicht hört es ja jetzt auf B) Der Patient hofft auf ein baldiges Ende der Kosmischen Tortur Hinter welchem er nichts anderes als das Ende der Tage vermutet
Kontingenz	K) Durch Exploration konnte man den Trigger auf das subjektive wahrnehmen von Situationen determinieren, welche Distress verursachen und keine bzw. ungenügend Bewältigungsstrategien zur Verfügung stehen Ck) Durch nachgeben der Forderungen bekommt er eine kurzfristige Linderung der sich anbahnenden Anspannungen/ Schmerzen
C Konsequenz Ckurz/ Clang	Cl) jedoch berichtet der Patient darüber, dass die Forderungen auf lange Sicht, immer ausfälliger und Zeitraubender werden

e) **Ressourcen, Motivations und Zielanalyse**

Petermann betitelt die aktive Mitarbeit sowie Selbstöffnung des Patienten als Grundvoraussetzung für die erfolgreiche Anwendung psychotherapeutischer Verfahren[55]. Nach Capsar et al. kommt den Ressourcen und individuellen Stärken des einzelnen im Prozess der Therapie eine wichtige Rolle zu. Diese unterteilt er in „1) Kenntnisse und Fähigkeiten (z. B. soziale Kompetenzen und hilfreiche Coping-Strategien), 2) Beziehungen und soziale Unterstützung (z. B. Familie und Freunde), 3) Motivation und Werte (z. B. Therapieziele und sinnstiftende Überzeugungen), und 4) unbelastete Lebensbereiche (z. B. Hobbys, Beruf, etc.)[56]". Eine Möglichkeit, diese zu erfassen, zu formulieren und in den sich daran im späteren Verlauf anschließenden Prozess der Verlaufs- und Evaluationsdiagnotik ein zu betten ist z.b. Goal Attainment Scaling (GAS).

---

[55] Vgl. Petermann, F. et al. (2018), S. 240
[56] Caspar et al. (2018), 2 Kapitel 23 Absatz

f) Indikationsentscheidung/ Therapieplanung

Nach dem zuordnen der Entscheidung über die Behandlung und die Erörterung von Problemen und Diagnosen zu den Interventionen mittels selektiver Selektion, findet die Adaptive Indikation (verlaufsorientierte Indikation, prozedurale Indikation) als Steuerungsmittel und Kontrollinstrument Anwendung. Während sich die Selektive Indikation mit der best möglichen Intervention für eine erstellte Diagnose beschäftigt, oder aber mit Kontraindikativen Maßnahmen, also den optional sogar schädlich wirkenden Situationsspezifischen Interventionsmaßnahmen, ist es die Aufgabe der Adaptiven Indikation als eine Art Controlling System, eine ständige Abgleichung der aktuellen Soll und zu erzielenden ist Werte für die im Rahmen der Therapieplanung angestrebten Ziele zu vollführen[57].

g) Therapiebegleitende Diagnostik an bsp. M Lutz (Verlaufs und Prozessevaluation)

Die Verlaufsevaluation ist ein Instrument zur Erfassung der definierten Therapieziele, dies geschieht bsp. durch Therapietagebücher welche auf den Problembereich angepasst werden können. Die Prozessevaluation dient der Erfassung der Prozesse innerhalb der Behandlung. Optionale Messvariablen sind ua. Selbstöffnung des Patienten oder Störungen im Prozess. Man bezeichnet diese auch als Diagnostik zum Zwecke der Qualitätssicherung[58]. Der Therapeut einigt sich mit M. Lutz alle Anfälle, welchen er zwischen den Sitzungen ein herfällt in ein Therapietagebuch App auf seinem Smartphone ein zu tragen. Diese App enthält ff. Kriterien Art des Anfalls, Dauer des Gefühls, angewandte Entspannungstechnik, nachgegeben oder überwunden (Ja/Nein). Die Sitzungen werden mit einer Videokamera gefilmt, Herr Lutz kann sich die Aufzeichnungen ansehen.

h) Ergebnisevaluation und Abschlussdiagnostik

Durch die indirekte Veränderungsmessung werden Differenzwerte aus zwei oder mehreren Statusbeurteilungen gemessen. Im Falle von Herrn Lutz kann dies zb. Über die

---

[57] Vgl. Wittchen H. U. Hoyer J. (2011), S. 385; Petermann, F. et al. (2018), S. 243
[58] Vgl. Petermann, F. et al. (2018), S. 244

Auswertung des Videomaterials zu Beginn und Ende der Therapie geschehen. Bei der Direkten Veränderungsmessung hingegen, kann man z.B. die einzelnen Dimensionen des im Anfall Tagebuch enthaltenen Dimensionen anführen wobei man hier von Sitzung zu Sitzung Rückschlüsse über die Wirkung der einzelnen Entspannungstechniken zieht, bzw. diese ggf. an neue Erkenntnisse adaptiert[59]. Petermann et al. weist der Abschlussdiagnostik die Wirksamkeit der Behandlung klassifizieren, dabei definiert sich der Therapieerfolg im mehrdimensionalen Sinne. Dazu gehören u.a. das Einhalten der in der Planung und Evaluations Phase festgelegten Therapieziele, sowie ein im Sinne der Störungsdiagnostik erhobener Rückgang der bei der Eingangsdiagnostik klassifizierten Symptome und Syndrome.

---

[59] Vgl.Wittchen H. U. Hoyer J. (2011), S.415

Literaturverzeichnis

Antwerpes, F. Neumann, H. T. (2017), Zwangsstörungen (Hrsg.) DocCheck Flexikon
https://flexikon.doccheck.com/de/Zwangsstörung?utm_source=www.doccheck.flexikon
&utm_medium=web&utm_campaign=DC%2BSearch Zugriff am 26.5.2020

American Psychiatric Association (2013), Diagnostic and statistical manual of mental
disorders 5 Auflage (DSM-V) (Hrsg.) American Psychiatric Publishing, Washington,
DC, London, England ISBN 978-0-89042-554-1

Badura, B. (1981), Soziale Unterstützung und chronische Krankheit, Frankfurt/M.;
ISBN/9783518110638/20732944473

Baumann, U. Perrez, M. (1990), Lehrbuch Klinische Psychologie Bd.11., Grundlagen,
Diagnostik, Ätiologie (Hrsg.) Huber, Göttingen, Bern, Toronto; Seattle 78-3-456-
81591-6

Bengel, J. Meinders-Lücking, F. Rottmann, N. (2009), Schutzfaktoren bei Kindern und
Jugendlichen- Stand der Forschung zu Psychosozialen Schutzfaktoren Für Gesundheit
(Hrsg.) BZgA, Köln. ISBN 978-3-937707-57-0

Bengel, J. Lyssenko, L. (2012), Resilienz und psychologische Schutzfaktoren im
Erwachsenenalter – Stand der Forschung zu psychologischen Schutzfaktoren von
Gesundheit im Erwachsenenalter (Hrsg.) Bundeszentralamt für gesundheitliche
Aufklärung (BZgA) ISBN 978-3-942816-22-9

Caspar, F. Pjanic, I. Westermann, S. (2018), Klinische Psychologie Basiswissen
Psychologie. (Hrsg.) Springer Fachmedien, Wiesbaden. ISBN 978-3-531-17076-3
doi.org/10.1007/978-3-531-93317-7

Egle, U.T. Hoffmann, S.O. Steffens, M. (1997), Psychosoziale Risiko- und Schutz-
Faktoren in Kindheit und Jugend als Prädisposition für psychische Störungen im
Erwachsenenalter (Hrsg.) Springer Verlag /doi.org/10.1007/s001150050183

Ellring, H. Sozialpsychologie: Ätiologie/Bedingungsanalyse Zugriff am 4.5. 2020

Franzkowiak, P. (2018), Risikofaktoren und Risikofaktorenmodell, https://www.leitbegriffe.bzga.de/alphabetisches-verzeichnis/risikofaktoren-und-risikofaktorenmodell/ abgerufen am 1. 5. 2020

Franzkowiak, P. (2018), Soziale Unterstützung (Hrsg.) BZgA. https://www.leitbegriffe.bzga.de/alphabetisches-verzeichnis/soziale-unterstuetzung/https://dx. doi.org/10.17623/BZGA:224-i110-2.0

Hanisch, C. R. (2005), Neurowissenschaftlich orientierte Therapie von dysfunktionalen Kognitionen durch Reizüberflutung anhand einer „emotion Sync"-Methode

Petermann, L. Maercker, A. Lutz, W. Stangier, U. (2018), Klinische psychologie-Grundlagen Auflage 2.(Hrsg.) Hogrefe Verlag GmbH & Co. Kg, Göttingen. ISBN 978-3-8017-2783-3 DOI 10.1026/02783-000

Häfner, S. Franz, M. Lieberz, K. Schepank, H. (2001), Psychosoziale Risiko- und Schutzfaktoren für psychische Störungen: Stand der Forschung (Hrsg.) Springer Verlag ISSN: 0935-6185, Zugriff am 17.5.2020

House, J. S. Landis, K. R. Umberson, D. Social Relationships and Health (1988), 540-545. Science, New Series, Vol. 241, No. 4865 (Hrsg.) American Association for the Advancement of Service Url: http://links.jstor.org(sici?sici=0036-8075%2819880729%293%3A241%3A4865%3C540%3ASRAH%3E2.0.CO%3B2-2 !

Margraf, J. De Jong-Meyer, R. (2000), Lehrbuch der Verhaltenspsychologie 3 Auflage 1 Band (Hrsg.) Springer, Berlin, Heidelberg ISBN: 978-3-662-07566-1 doi.org/10.1007/978-3-662-07565-4

Margraf, J. Schneider, S. (2009), Lehrbuch der Verhaltenstherapie 3. 1 Band Grundlagen, Diagnostik, Verfahren, Rahmenbedingungen (Hrsg.) Springer Medizin Verlag, Heidelberg. ISBN 978-3-540-79540-7 doi.org/10.1007/978-3-540-79541-4_58

Margraf, J. Schneider, S. (2009), Lehrbuch der Verhaltenstherapie 3. 2 Band Störungen im Erwachsenenalter – Spezielle Indikationen – Glossar (Hrsg.) Springer Medizin Verlag, Heidelberg. ISBN 978-3-540-79542-1 doi.org/10.1007/978-3-540-79543-8

Margraf, J. Schneider, S. (2009), Lehrbuch der Verhaltenstherapie 3. 3 Band Störungen im Kindes- und Jugendalter (Hrsg.) Springer Medizin Verlag, Heidelberg. ISBN 978-3-540-79544-5 doi.org/10.1007/978-3-540-79545-2

Marom, S. Munitz, H. Jones, P. B. Weizman, A. & Hermesh, H. (2005), Expressed emotion: rele- vance to rehospitalization in schizophrenia over 7 years. *Schizophrenia Bulletin, 31,* 751–758. http://doi.org/10.1093/schbul/sbi016

Mayer, K. C. (2001),Soziale Unterstützung http://neuro24.org/show_glossar.php?id=1590 Zugriff am 3.5.2020

Schwarzer, R. Schultz, U. (2000), Berliner Social Support Skalen http://userpage.fuberlin.de/~gesund/skalen/Berliner_Social_Support_Skalen/berliner_so cial_support_skalen.htm

Wittchen, H. U. Hoyer, J. et al. (2011), Klinische Psychologie & Psychotherapie Auflage 2. (Hrsg.) Springer Verlag, Heidelberg, New York. ISBN-13 978-3-642-13017-5 DOI 10.1007/978-3-642-13018-2_1

Wustmann, C. (2005), Die Blickrichtung der neueren Resilienz Forschung. Wie Kinder Lebensbelastungen bewältigen Zeitschrift für Pädagogik 51 2, S. 192-206 urn:nbn:de:0111-opus-47486

Vauth, R. (2016), Dysfunktionale Kognitionen (Hrsg.) Pschyrembel Redaktion https://www.pschyrembel.de/Dysfunktionale%20Kognition/P04PM Zugriff am 15.5.2020

WHO (World health Organization) https://www.who.int/news-room/detail/18-06-2018-who-releases-new-international-classification-of-diseases-(icd-11) Zugriff am 23.5.2020

BEI GRIN MACHT SICH IHR WISSEN BEZAHLT

- Wir veröffentlichen Ihre Hausarbeit,
  Bachelor- und Masterarbeit

- Ihr eigenes eBook und Buch -
  weltweit in allen wichtigen Shops

- Verdienen Sie an jedem Verkauf

Jetzt bei www.GRIN.com hochladen
und kostenlos publizieren